U0016076

可讀、可想、可互動的
歷史啟蒙書

WHAT IS HISTORY？

伊恩·道森 IAN DAWSON———著

單兆榮———譯

推薦序

歷史課，英國這麼教

張　元

歷史課要怎麼教？歷史是過去的事，把課本上的事情講解得清楚明白，有關人物略作介紹，再加上有趣的小故事，得到學生喜歡，就是一門好課了吧！？不錯，學生喜歡老師這麼教，當然是好的教學。

不過，今天看來，仍有缺陷，而且不只是瑕疵而已。為什麼？「歷史」是一門知識，學生學習就要對這門知識有所了解，進而得到學習的好處。我們知道知識有其結構，也有其認知方法。如果課程只是表面的講述，學生也就得不到這門知識提供的核心能力。

問題是，歷史知識的結構與方法是什麼？難道要老師把「史學方法」摘要講解嗎？當然不是。「歷史教學」或「歷史教育」是歷史這門學科中的重要領域，歷史知識的普及，不僅僅是把研究成果讓學生知悉；再說，學生也無此需要，因為與培養學生的能力無關。那麼，應該從何處做起呢？

如果對當今世界歷史教育研究情況有些了解，就知道英國學者的成績居於領先地位。我們在上個世紀末已與英國著名的李彼得（Peter J. Lee）教授有所聯繫。1993年，我參加北京舉辦的歷史教學國際研討會，通過李教授的學生周孟玲小姐，認識了他與艾什比（Rosalyn Asbby）教授等英國學者。我也於1997年、2006年，邀請兩位來台參加清華大學主辦的國際研討會，講述他們的研究成果。當然，我們熟悉歷史教育的各校老師，也都在各種研討活動推廣有關的教學方法，如「第二層次概念」（second-order concepts）的運用等。成效呢？雖不至於如同竹籃打水，也是十分有限。

何以如此？英國的教科書及教學指導之類的書，我們能夠見到的，真是太少了，應是原因之一。單兆榮老師將英國的中學歷史教科書翻譯出來，讓我們看到英國教師如何運用教科書，引領學生在一定的知識架構中，思考問題，發言討論，尋求解答。他山之石，可以攻玉，我們沒有必要全面複製，其實也無可能，但我們知道英國是這麼教歷史課，就可以從中學習，用於我們的課堂上，對學生能力的提升必然大有幫助。更希望這類的書籍可以多多譯出，供廣大的老師參考、學習，摘其精要，運用於課堂教學。

（本文作者為清華大學歷史所榮譽退休教授）

推薦序

歷史思考入門書

林慈淑

「歷史有什麼思考嗎？」如果你還在懷疑這點，這本小書可以給你很好的解答。「歷史思考如何教？怎麼學？」如果你有這樣的困惑，這本小書會帶給你珍貴的提示和指引。

由單兆榮老師翻譯的《可讀、可想、可互動的啟蒙書》，個頭雖嬌小，價值卻很高。首先，這本書可說是近年來歷史教育一個重要趨勢的具現：在中學歷史課堂中，老師不能只是傳授特定的史實，還得教導學生這個學科的核心概念，培養學生「做歷史」的能力。尤其隨著AI時代的來臨，此一歷史教學訴求，不但不會減弱，只會越來越成為主流規範。

其次，108課綱上路以來，教導學生思考、閱讀、探究與實作，成了我們社會各界的共識，也是各科老師必須磨拳擦掌、努力以赴的目標，歷史科自不例外。這本書的翻譯面世，正適時回應了這樣的需求。對任何有志於教導學生歷史思考的老師，這是一本很好的入門書。

這本書起手於「歷史是什麼？」這個貫穿全部內容的大哉問，進而揭示六個重要的歷史思考：時序、證據、歷史解釋、原因、神入、歷史意義。除了對這些大觀念的精要界定外，書中更展示了，教育者如何透過問題、資料、活動設計，帶領學生們認識與討論歷史。

當然，不是說此書無懈可擊。這本原文書大約出版於2003年，專為英格蘭的中學歷史課而寫，因此，內文中所用資料、所提問題都以英國史為例。面對跨越若干時間、空間的這本著作，讀者或會想到：六大歷史思考之外，是否還有其他可能？這些歷史核心概念，如何因應台灣學生、有效地進行教學？讀者是否更能夠理解那些概念？書中的闡釋和教學活動可以如何轉化和延伸？本書可如起點，激發你探索更多的問題，以及可能性。也正因這本書促使我們深思考量，才顯其價

值。閱讀此書，讀者為的不是依樣畫葫蘆地操作，而是會帶來啟發、反思，甚至供我們論辯。

兆榮老師博學多聞，在百忙中偷空翻譯，真是難得有心。相信這本書的問世，能為我們所共同關心的歷史教育園地，注入一股清新無比的活水。

（本文作者為東吳大學歷史系教授、歷史教學學會理事長）

譯者導讀

打破慣性思維，從實作學歷史

單兆榮

從開始閱讀此書，到愛上此書，最重要的歷程是，它打破我們對學習歷史的刻板印象——

「判讀」資料，而不是「記憶」資料。

如何「提問」，比「回答」更重要。

只有「參考答案」，沒有「標準答案」。

「探究與實作」，是學習最好的策略。

此書以歷史學的「能力指標」為架構，每一區提供讀者練習一種能力：「時間序列」「史料證據」「歷史解釋」「因果關係」「歷史意義」和「神入」。最後以「進步區」驗收並總結「歷史是什麼？」的大圖像。

每一區涵蓋三個重要學習元素：「想一想」「歷史詞彙」「大觀念」。循序漸進地充分提問、討論和回答後，最重要的是「大觀念」，強調此區的重點——歷史是什麼？透過引導探問，提供不同概念並陳，讓你可以發展出自己的觀點。一般讀者，可以自己摸索，獨樂樂；也可以眾樂樂，組成讀書會，討論出更多有趣的可能；教學現場，老師更可以運用在各個恰當的單元，讓學生反覆思索。全書探究實作後，除了歷史思維更有深度外，趣味橫生之餘更添知識量。打破一般以為「重視能力，必忽略知識」的刻板印象。

本書附上的參考答案，是譯者自己的想法並綜合與許多老師和學生討論後的結果，僅供參考。每一位讀者經過討論後的答案會更豐富多元，建議整區全部閱讀和做完後再參考，甚至可以提供更好的建議給譯者。

一、時間區

依衣物與建築的線索判斷時代分期——這兩者是最直接的街頭意象，提醒我們歷史就在身邊，只是經常被忽略。

第一階段分別有六個時代，供讀者練習整齊配對；第二階段加入更多器物，練習多元配對，可以先自己判讀，再針對難解的部分上網搜尋關鍵線索；第三階段，提供更深度的學習，透過線索，讀者可以自己推測較不熟悉的時代特徵。循序漸進，是很重要的教學設計和提問模式，值得我們學習。

二、證據區

提供遺骸出處和八個線索，包括創傷切割整齊的骸骨、鄰近地區的歷史戰役、史家查閱相關歷史的結果等，練習從資料推測，從線索判讀。雖然要一一檢視所有資料，但不保證每一則資料是否直指某一場戰役。此區強調「謹慎」使用資料，防止「過度推論」；歷史資料的「不確定性」，正好打破我們喜歡標準答案的慣性思維。

三、歷史解釋區

透過「英王李察三世是否殺了姪子們」的歷史公案，練習察覺不同立場的不同看法。先從反對李察三世的角度，透過戲劇傳播深入人心入手，讓讀者從字句

中找出負面詞彙，點出其實我們閱讀的任何文章都有意無意透過形容詞影響著我們。

接著作者用簡單的提醒讓讀者練習區隔「事實」和「意見」。因為一般敘述句中，經常事實與意見混在一處，檢視時要特別小心。

試舉一例說明。「子曰：『微管仲，吾其被髮左衽矣！』」此句是事實？還是意見？若以孔子評論的語氣而言，「如果沒有」管仲，我們大概會像夷狄一樣披散著頭髮（漢人束髮），穿左邊開襟的衣服。所以這是個假設語氣，是他的個人意見，非事實。若再問，孔子是否說過這樣的話，有可能是「事實」？恐怕還有一番爭論。

書中提供八條線索，並陳支持和反對李察是否謀殺的資料，一一辯證的過程，其實是為了進入大觀念：「歷史敘述是充滿立場的歷史解釋」。也提醒我們在閱讀文章時，首先要問作者是誰？目的何在？根據的資料有哪些？

讀者可以試著自己練習，閱讀各報對同一事件的報導，仔細比對，會發現遣詞用字、選取材料的差異。

完成此區的討論後，還可以再進行一項練習，把一開始漫畫上的李察，改用支持他的北方人民立場重新書寫，會出現有趣的對照組。英國有支持李察三世的團

體，加上近年出土的資料，都成為新聞素材，因此網路上有不少討論可供參考。約瑟芬‧鐵伊（Josephine Tey）所著的推理小說《時間的女兒》就試圖以一名警探的角度破解此公案，可以對照參看。

（說明：「Richard III」一般譯為「理查三世」，本書為了區隔英國清教徒革命的「查理一世」（Charles I），避免讀者混淆，全面翻譯成「李察三世」。）

四、「為什麼？」區

本區將六個真實的移民案例，放在歷史時間軸上檢視。長達兩百年的移民史，每一波移民都有不同理由，包含革命事件、犯罪、貧窮、奴隸、探險和宗教等原因，讀者學習將複雜原因分類比對。最後，以一個案例中五位同船者的對話，精采地提醒讀者，移民原因不但因時代而異，也可能因人而異地出現在同一批移民裡。由此延伸，讀者還可以練習回答：現代移民與當時有何異同？移民臺灣與移民美洲又有何異同？

五、歷史意義區

以英國名將納爾遜將軍為例，探討有名和有歷史意義的差異，也就是能夠留名歷史者，是如何形塑的？由誰決定的？有沒有爭議性？

將納爾遜的故事分段檢視，可免去冗長的閱讀；在練習做標題的過程中，學習如何進行歷史的細讀。此區提供六則示範，空出五則讓讀者練習下標題。

在「大觀念」裡，進一步探討特定人士因為對當代和未來生活有重大改變，呈現歷史留名的可能。另外還可以繼續探討，「一將功成萬骨枯」下，被忽略的戰鬥士兵們。納爾遜的功業積累，不只是他的策略得宜，還需要勇猛士兵的付出。

書中亦試圖引導讀者思考名人的歷史意義，在目前網路發達、人人可留名的社會中，這是值得探討的議題：到底要如何留名，才更具歷史意義？

六、神入區

心理學提出「神入」（empathy），在歷史學上的運用是「暫時跳脫自己熟悉的思維體驗，藉由想像重現過去，設身處地理解古人的行為」。

以英國殖民地牙買加移民為例，從他們的訪談中，看到不同的際遇。以神入方式理解外來族群適應和被接受的困境。首先呈現船隻初抵達時，穿著整齊歡欣鼓舞的移民照片；有的曾為英國皇家空軍賣命，但不再被歡迎；有的因膚色而有不愉快的租屋經驗；有的受到歧視失業；有的覺得英國人不如牙買加人熱情；有的英語腔調被嘲笑；還有的因1958年種族騷亂擔心受怕，至今此事件仍深深影響英國社會；當然也有人因演唱具異國風情的歌曲而嶄露頭角大獲成功……林林總總，移民的個人經驗折射了他們對新家園的感受。

放諸也是多元移民社會的臺灣，讀者可藉此進入移民的世界，並試圖理解他們，讓歷史也可以是學習寬容和高層次情感教育的重要場域。

七、進步區

驗收前六區塊所有的學習，檢視讀者是否透過這些探究與實作，改變了對歷史的看法。從書中一張英王查理一世被斬首的圖片，讀者可練習整合各區學到的歷史價值，提出問題並做出解答。大觀念中，以桌遊的形式，呈現英國史上的著名事件，讓讀者練習六區的歷史思維。不斷練習的設計，也消解眾人擔心用活動學習會讓能力有餘、知識不充分的疑慮。

總結

此書最吸引人處，是呈現歷史學特殊的爭議性，各種說法並陳，正是現實社會的縮影。彰顯歷史不是過去，而是「現在與過去的不斷對話」。

歷史是什麼？

1 關於歷史，你大概已經知道不少。
你會如何完成以下句子：「歷史是……」？
這裡有一些例子：

歷史是……

……了解**過去的事**。

……認識**真實存在過的人**，
以及他們所做過的：勇敢的、普通的、
令人驚訝的或可怕的事。

……運用**資料**。

提出**問題**和歸納**答案**。

……？？？

目錄

這本書帶領你認識歷史的相關思維，
並提供學得更好的建議。

書中共有七個區供你考察：
■開始於時間區
■結束於進步區
■中間五區，可以依你喜歡的順序前往

祝你一切順利！

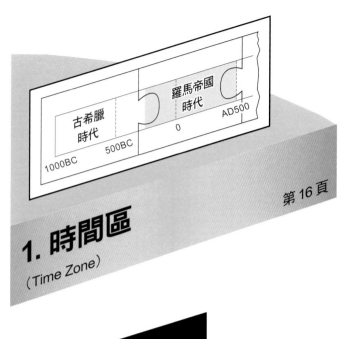

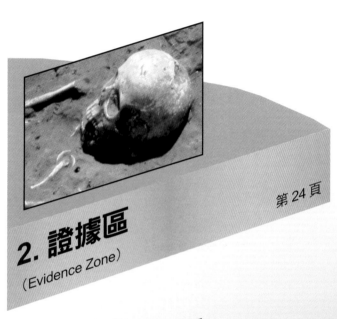

第 50 頁

7. 進步區
（Improvement Zone）

第 44 頁

6. 神入區
（Empathy Zone）

在每一區裡，你將看到：

❶ 一些小活動

想一想

增進思辨技巧的**討論**題目

■ 歷史專有關鍵詞

如同其他科目，歷史也有自己的專有名詞。重要的歷史專有關鍵詞會以 這個字體 呈現。你應該理解這些專有名詞的意涵，並將它們變成你的詞彙。如果你能適當地使用這些關鍵詞，歷史會變得更好學（也可能讓老師對你印象深刻）。

大觀念

強調學歷史所需的主要概念和技巧。

現在翻到時間區。

1

時間區

屬於什麼時代？

第一階段

時間區，分為三階段，每一階段會出現過去的人、建築和物件。你的任務是將這些人事物以正確的 時間序列（chronological order）排列組合，有點像玩拼圖。當你完成所有階段，就能清楚看到歷史的面貌。第一階段可能很容易，因為是辨識你學過的歷史人物和建築。

■ 歷史專有關鍵詞

「時間序列」是指時間的順序，當事件依時間排列，先發生的事會在前面。

❶ 你知道以下人物與下一頁的哪些建築屬於同一時代嗎？
每一種建築物搭配一個人。

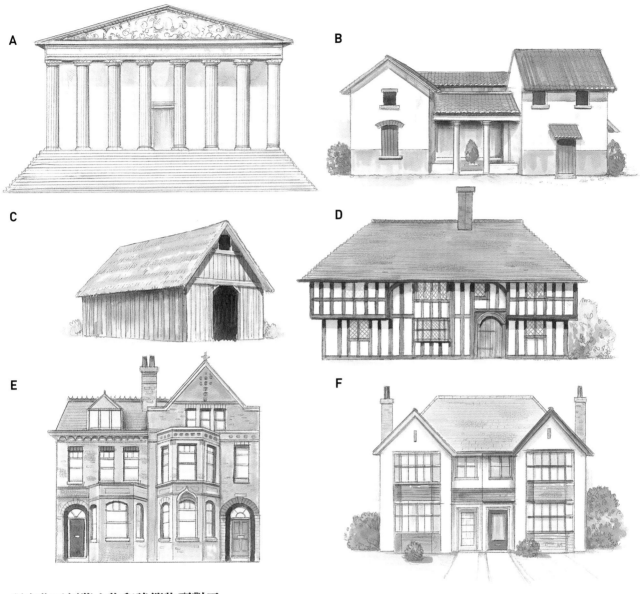

現在你已經將人物和建築物配對了。

② 下列六個時代標籤應該各屬於哪一組配對？

盎格魯－撒克遜和維京人時代
（The Anglo-Saxons and Vikings）

古希臘時代
（The Ancient Greeks）

羅馬時代
（The Romans）

都鐸時代
（The Tudors）

二十世紀
（The Twentieth Century）

維多利亞時代
（The Victorians）

> **想一想**
> 1. 你如何決定哪一組人物和建築物配對？舉例來說，你用到圖中的什麼線索？
> 2. 你如何決定時代的排序？比如，你是否先從已經知道的開始慢慢想？

③ 請將這六個時代依時間序列排列——最古老的優先。

■ 第二階段

這個階段與上一個階段類似，只是要做的事比較多。

❶ 這裡混雜了一堆過去的物件，你的任務是把它們與下列六個不同時代的人物配對。

❷ 可以自行製作分類卡片來嘗試：

　a. 將同一時代的卡片放在一起。

　b. 將每一組卡片分別貼在不同紙張上。

古希臘時代

羅馬時代

盎格魯－撒克遜和維京人時代

都鐸時代

維多利亞時代

二十世紀

1

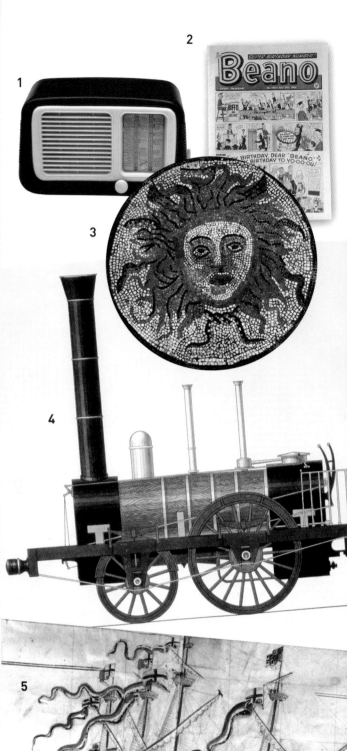

2

3

4

5

6

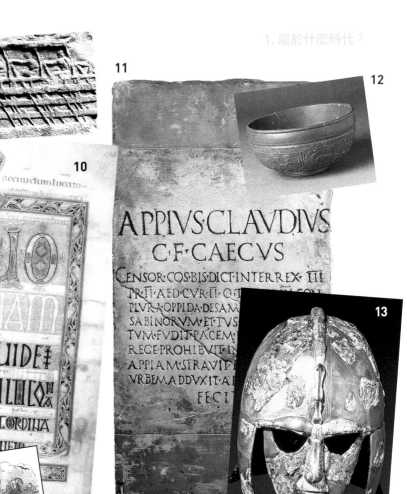

8

9

10

Quoniam quidem multi
...
RENARRATIONEM

11

APPIVS CLAVDIVS
C·F·CAECVS
CENSOR·COS·BIS·DICT·INTER·REX·III
TR·II·AED·CVR·II·Q·
PLVRA·OPPIDA·DESAM
SABINORVM·ET·TVS
TVM·FVDIT·PACEM
REGE·PROHIEVI·IN
APPIAM·STRAVIT·E
VRBEM·ADDVXIT·A
FECIT

12

13

14

THE
LIFE AND ADVENTURES
OF
NICHOLAS
NICKLEBY
CONTAINING A FAITHFUL ACCOUNT OF THE
Fortunes, Misfortunes, Uprisings, Downfallings,
AND
COMPLETE CAREER OF THE NICKLEBY FAMILY.
EDITED BY "BOZ."
WITH ILLUSTRATIONS
BY "PHIZ."
LONDON, CHAPMAN AND HALL, 186, STRAND.

15

16

17 he most wonderfull
and true storie, of a certaine Witch
named Alse Gooderige of Stapen hill,
who was arraigned and conuicted at Darbie
at the Assises there.

As also a true report of the strange torments of Thomas
Darling, a boy of thirteene yeres of age, that was pos-
sessed by the Deuill, with his horrible fittes and terri-
ble Apparitions by him vttered at Burton vpon
Trent in the Countie of Stafford, and of his maruel-
lous deliuerance.

Printed at London for I. O. 1597.
BIBLIOTHECA

18

想一想

1. 哪一個時代最容易分類？
2. 為什麼你認為這個時代最容易？

第三階段

這裡是時間區的最後階段。有你分類過的所有時代。
可是仔細看！有兩個區間，代表兩個新出現的時代。

① 分辨這兩個時代分別對應了這個跨頁中的
哪些人事物？

② 你認為這兩個時代可能是什麼時代？

1

2

4

3

? (A)

盎格魯–撒克遜
和維京人時代

羅馬時代

古希臘時代

二十世紀以後

工業革命和
維多利亞女王時代

? （B）

5

都鐸時代

6

7

8

想一想

1. 學過的歷史時代中，哪一個是你最喜歡的？

2. 為什麼你最喜歡這個時代？

時間區 時間區 時間區 時間區 時間區 時間區 時間區

21

大觀念

在這一區，你練習了兩個技能：

■ **分辨**不同時代的人物、物件和事件
■ **排列**時代順序

歷史是……

> **編年體**（chronology）：把人、物件和事件，放在正確的時序裡

搞懂「歷史時代」

我們將過去分成不同區間，代表不同「歷史時代」，通常以相關人物或事件命名。

斯圖亞特時代
（The Stuarts）

都鐸時代

中古時代
（Medieval）

❶ 你知道為什麼叫「都鐸時代」嗎？

❷ 中古時代（又稱 Medieval）意味「時代的中間」，它是指哪兩個時代的中間？

時代的命名是「簡稱」，可以節省時間。當某人跟你說「都鐸時代」，不需要冗長的解釋，你就知道他指的是什麼時期。所謂冗長的解釋，就像這樣：「啊，就是那個亨利八世在位的時候，他娶了好幾任老婆，住在廣大的宮殿裡，還跟教宗吵架……」

• 留意時代錯置

時代錯置（anachronism），表示不合宜的事物，出現在錯誤的地點或時間。當你越懂歷史，就會越懂得識別時空錯置的事物。

❸ 你能指出下圖有幾處時代錯置嗎？

多希望我能當都鐸時代的國王。

• 連結事物

歷史上的人或事，都能找到相應的時代（就像有相應資料夾的檔案），把新發現歸檔到對應的時代，有助於你加強舊知識與新發現之間的連結。

這裡還有另一個關於歷史的真正大觀念！

歷史是……

探究（enquiry）。歷史的探究，意思是提問和回答有關歷史的問題。你在第 16 到 21 頁所分類的「材料」，是要用來解答某些問題，否則沒什麼意義。人們研究歷史的初衷是，他們對過去有疑問，想要找到解答。

下一區是什麼？

接下來你想繼續考察（investigate）哪一區？你可以自由選擇。回到目錄頁看看有哪些選項。

❹ 從第 20 到 21 頁中選擇一個時代。你對這個時代有什麼問題呢？可以用以下字詞來展開你的問題：如何（How）？誰（Who）？什麼（What）？何處（Where）？為何（Why）？何時（When）？

田野中的遺骸

線索 A

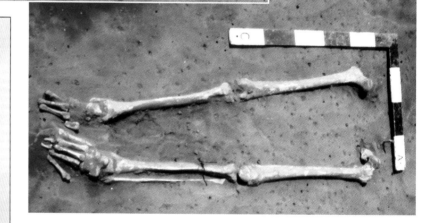

❶ 你對這些骨骸有什麼疑問？
請寫下來。

1956 年，約克郡（Yorkshire）雷科村（Riccall）的烏斯河（Ouse River）河岸附近，一名農夫正在挖掘作物，感覺鏟子碰到某個堅硬的東西。他挖開泥土發現……一顆人頭骨！警方得到通報後前來，認定不是現代的（modern）人骨，於是找考古學家（archaeologist）來鑑定。

考古學家挖掘壕溝，想知道能否找到其他。結果又發現四十六具人類遺骸。他們無法辨識所有遺骸的性別，不過，其中至少有二十八名男子、兩名女子和五名五到十二歲的兒童。他們查閱當地史書，發現 1830 年代，同一地點曾出土其他遺骸，1880 年也出現過十具頭骨。然後，在 1980 年代還有人找到二十三具遺骸。

所以問題來了：這些人是誰？他們怎麼死的？這也將是你要探究的問題。你得到的線索會跟這些考古學家一樣。你會怎麼看待這些線索呢？

■ 這些人是誰？他們怎麼死的？

❷ 以下還有兩個線索應該有助於你的研究。
這些線索是否讓你想到線索 A 的遺骸屬於誰，還有他們的死因？

線索 B

雷科村鄰近 1066 年兩場著名戰役的戰場。

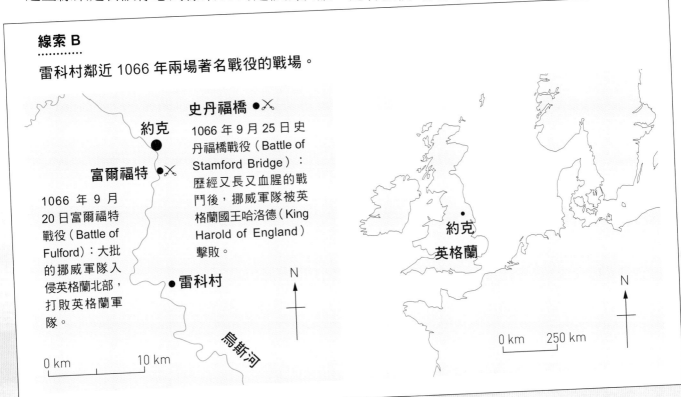

史丹福橋
1066 年 9 月 25 日史丹福橋戰役（Battle of Stamford Bridge）：歷經又長又血腥的戰鬥後，挪威軍隊被英格蘭國王哈洛德（King Harold of England）擊敗。

富爾福特
1066 年 9 月 20 日富爾福特戰役（Battle of Fulford）：大批的挪威軍隊入侵英格蘭北部，打敗英格蘭軍隊。

約克

雷科村

烏斯河

0 km　10 km

約克
英格蘭

0 km　250 km

線索 C

史家查詢骨骸出土區域附近是否曾經有教堂。結果沒有。

❸ 根據線索 A 到 C 出現的**證據**（evidence），你可能已經想到，他們是誰，怎麼死的。史家稱這種猜測的想法為**假說**（hypothesis）。在翻下一頁前，請寫下你的假說。

請用線索 D 至 H 檢測你的假說。

① 先從你認為最有用的線索開始。它是否支持你的假說？或是提供別的答案？

② 現在依序仔細看剩下的線索。

線索 D

科學家非常仔細地檢查遺骸，在許多骨頭上發現了看起來像是劍和斧頭造成的刻痕。

其中一具骨骸，有很深的傷痕，應該是腹部遭刺穿所致。

線索 E

這是史丹福橋戰役後挪威軍隊退回自家船上的可能路線。

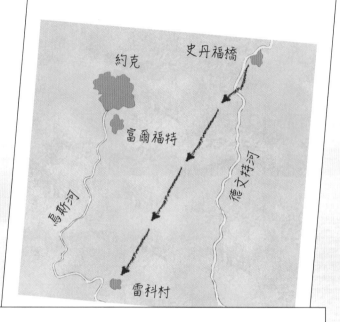

線索 F

撒克遜人和維京人的武器。這些是在富爾福特戰役和史丹福橋戰役中使用的武器種類。

這些武器使用的方式

線索 G

以下摘錄自 1066 年的《盎格魯–撒克遜編年史》（*Anglo-Saxon Chronicle*）。這是英格蘭修士寫的年度重要事件紀錄。以下是史丹福橋戰役的相關敘述，寫於 1080 年代以前。

挪威的哈拉爾國王（King Harald of Norway）率領三百艘船，沿著烏斯河航向約克。英格蘭的哈洛德國王（King Harold of England）本來在南方，得日夜兼程盡快趕到北方。

在哈洛德國王到達之前，艾德溫伯爵（Earl Edwin）和莫爾卡伯爵（Earl Morcar）抵禦了入侵的挪威人，但是他們麾下有不少士兵逃走或陣亡。挪威人贏得戰役。

之後英格蘭的哈洛德國王帶著一大隊士兵，在史丹福橋突襲挪威人，雙方奮戰到黃昏。一名挪威士兵站在窄橋上，抵擋英格蘭士兵過橋，不讓他們取得勝利。一名英格蘭人對他射了一箭沒中，另一名英格蘭人潛伏到橋底從下方刺殺了他。

哈洛德國王率軍隊過橋，殺了挪威國王哈拉爾和許多挪威人。

倖存的挪威人奔逃，英格蘭人追著他們猛烈攻擊，直到他們退回船上。挪威人有的在途中溺斃，有的被燒死，有些則以不同的方式遭到殺害，活下來的不多。英王停手後，回挪威的船只剩二十四艘。

他們是誰？

英格蘭國王 —— 哈洛德。才剛登基九個月。

挪威國王 —— 哈拉爾。他想征服英格蘭，並且在此稱王。

線索 H

十具遺骸當中，科學家檢查了六具遺骸的牙齒。他們可以從中得知死者成長的地域，因為兒童時期飲水中的物質會永久留在牙齒中。骨骸牙齒的檢測結果顯示，死者成長於地圖上的藍色地區。

想一想

1. 你預期哪個線索對你的假說最有用？
2. 你為何選擇它？
3. 結果它是否確實是最有用的線索呢？

大觀念

證據區

歷史是……

> 運用資料（sources）。資料是過去留下的事物，我們可以從中得知有關過去的線索，例如，人們從前如何生活？他們做些什麼？想些什麼？
>
> 各種事物都可以是資料——文件（documents）、圖像、建築、人工製品（artefacts，指過去留下的物品，像湯匙或陶碗或衣物），甚至遺骸。

在這區裡，你練習了一個重要技巧——運用資料進行探究。

❶ 資料 A 和 B，是哪一類的資料？

❷ 從這兩個資料中，你學到什麼有關盎格魯–撒克遜人的事？

▼ **資料 A** 考古學家在東安格利亞（East Anglia）的薩頓胡（Sutton Hoo）挖掘到的頭盔。這是西元七世紀盎格魯–撒克遜時期的頭盔。

想一想

1. 想像兩百年後的史家要研究現代的生活，你會推薦他們運用什麼樣的資料來了解你的生活？

2. 為什麼了解二十一世紀的生活，會比了解西元 1000 年（盎格魯–撒克遜人的年代）的生活容易？

▼ **資料 B**《盎格魯–撒克遜編年史》的片段。是第 27 頁線索 G 的真實樣貌。

> CYNINE SCEAL RICE HEALDAN
> ceastra beoð feorran gesyne. orðanc enta gepeorc. þa þe on
> þysse eorðan syndon. þræclic peall stana gepeorc. pind byð on
> lyfte spiftust. þunar byð þragū hludast. þrymmas syndan
> crystes myccle. pyrd byð spiðost. pinter byð cealdost. lenc

歷史是……

謹慎地使用……資料。運用資料的技巧之一是，確認資料是否值得信賴！

③ 為什麼像線索G（第27頁）的歷史文件可能被認為沒有如實記錄？

④ 在判定資料是否可信前，你會問什麼問題？列一份清單。比較老師（或附錄）提供的清單。

歷史是……

有時不確定。研究歷史時，我們不見得總是能找到確切的解答，因為沒有足夠的資料。因此，當你針對「他們是誰？」「他們怎麼死的？」等問題提出解答時，必須說明你對這個解答有多肯定。

⑤ 以下哪一個說法比較符合你探究「田野中的遺骸」後得到的答案？

想一想

假如少了線索H（第27頁），你會更確定答案？還是更不確定？

下一區是什麼？

接下來你想考察哪一區？翻回目錄頁看你的選擇。

3 李察三世是邪惡的殺人凶手嗎？

歷史解釋（interpretation）只是某人的歷史版本。請仔細讀這兩頁有關李察三世（Richard III）的故事，它包含了事實，但這些事實透過特定方式呈現。作者解釋了事實，讓李察三世看起來……像是怎樣的人呢？這是你要找出來的。

在這個解釋單元裡，你將**檢測**這個有關李察的解釋，然後試著**說明**（explain）這樣的歷史解釋是如何形成的？

❶ 請閱讀這則有關李察三世的圖像故事，這個故事賦予李察怎樣的形象？請從以下字詞中挑選：

有愛心的	失敗的	無情的
聰明的	殘忍的	見義勇為的
勇敢的	詭計多端的	

❷ 你認為是誰如此解釋李察三世的故事？（故事中有一個線索。）

事實（fact）和意見（opinion）

這個李察三世故事的歷史解釋，包含事實，也包含意見。你能說出兩者有何不同嗎？

❸ 以下何者是事實？何者是意見？
   a. 李察三世於 1483 年成為英國國王。
   b. 李察三世是謀殺親姪子的惡人。
   c. 李察三世是成功的國王。
   d. 李察三世在 1485 年的柏斯沃斯戰役（Battle of Bosworth）遭到殺害。

想一想
你如何得知這位作者不喜歡李察三世？從哪些字詞或語句看得出來？

李察三世──謀殺姪子的國王

李察三世殺了姪子愛德華五世（Edward V），以便奪得王位，當時年輕的愛德華只有十三歲。

這個男孩的父母並未合法結婚，所以他不能當國王。

李察如今控制了小國王。他編造故事，指稱小國王是私生子，因此不能當國王。

李察處決無辜孩子的暴行，震驚了全歐洲，許多人勇敢地拚上性命反抗李察。

李察總是自私無情。當他的哥哥（愛德華四世，Edward IV）還在位時，他就一直用各種詭計和陰謀，積聚自己的財富和權勢，甚至動用皇家軍隊在蘇格蘭為自己占領土地。

1483 年，愛德華四世突然駕崩，他年輕的兒子成了愛德華五世。李察哄騙小國王和他的顧問團，假裝與他們友好。

但很快的，李察將顧問下獄，未經審判就處死他們。

李察野蠻地處決了所有反對他的人，然後自己加冕成為李察三世。

接下來是故事裡最慘的部分，李察指使人在倫敦塔中殘酷地殺害了小國王愛德華和他的弟弟。至今人們都還記得他們是「塔中的王子」。

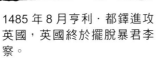

我們要亨利當我們的王。

李察鎮壓反叛勢力，生還者為了躲避李察的報復，逃到法國加入亨利・都鐸（Henry Tutor），一位勇敢和高貴——與李察大相逕庭——的男人。

1485 年 8 月亨利・都鐸進攻英國，英國終於擺脫暴君李察。

李察在柏斯沃斯戰役中被殺。亨利成為國王亨利七世（Henry VII），是偉大都鐸君主的第一人。

李察殺了塔中的王子嗎？
來當個偵探吧！

一個歷史解釋，首先需要受到**檢驗**，也就是比對事實和其他證據。這整篇漫畫要花很多時間去檢驗，所以我們現在只聚焦一個問題：李察三世真的殺了他的姪子嗎？

❶ 以下是你的偵探學習單。請利用以下兩頁的線索，盡可能填寫。

偵探學習單	
問題	**你的答案（○，×，或？），並寫上哪一資料屬於此；假如需要，請加上你的註解**
謀殺案確實發生過嗎？舉例來說，是否曾經找到王子們的**屍體**？	
李察是否有**機會**指使人殺掉王子們？	
是否有**犯罪證據**——像是凶器——**證明**李察是凶手？	
有任何**證據**顯示，李察可能是凶手嗎？	
有任何**證據**表明，李察是無辜的嗎？	

如果你的 ○ 多於 ×，你大概認為李察是有罪的；如果你的 × 超過 ○，那麼你應該先相信他，把他當成無罪之人。

線索 A

1674 年，有人在倫敦塔發現了兩名孩童的骨骸。他們被裝在一只木箱中，埋在三公尺深的地底。人們猜想，這就是王子們的骨骸。1933 年科學家檢查遺骸，但無法證明兩名孩童是否有血緣關係或年紀多大。骨骸未提供任何有關孩子們死因的線索。打從那時起到現在，骨骸未被重驗。

線索 B

1483 年夏天後，就沒有任何王子們仍存活的相關紀錄。

線索 C

證據（右邊的文字）來自一名義大利神父多米尼克·曼奇尼（Dominic Mancini），1483 年他正在倫敦。他很可能認識愛德華五世的醫生。曼奇尼在 1483 年 7 月離開英國，他在法國曾多次說故事給一位主教聽，1483 年秋天，這位主教請他寫下這個故事。

愛德華五世的僕人們無法與他接觸，他和弟弟被帶到倫敦塔的內室，人們越來越少看到他們出現在柵欄和窗戶之後，後來完全見不到他們。國王的醫生是最後一個見到他的人，他說小國王相信自己快死了，看起來像個準備好犧牲的受害者。我看到許多人一聽到小國王就眼淚決堤。人們已經懷疑他被謀殺。至於他如何被殺害或是否確實被謀殺，我沒能得知。

線索 D

李察的座右銘是「我受忠誠約束」。他在 1470 年的內戰時，大力為自己的哥哥愛德華四世效忠。李察也是個信仰虔誠的人。

線索 E

1483 年，有一些了解並信任李察多年的人無預警地背叛他，轉而支持他們不熟悉的亨利·都鐸。

線索 F

王子們失蹤一年後，他們的母親回到李察的宮廷，並允許自己的女兒與李察共舞。

線索 G

1483 年夏天，李察確實曾下令處決幾個企圖阻止他即位的人，且處決前未經任何審判。

線索 H

當其他人反叛時，許多北方人仍效忠李察。當約克市的領袖們聽到李察被殺的消息時，他們如此記錄道：

> 合法統治我們的李察國王被打敗，是因為許多反對他的人選擇叛國。本市臣民對他的悲慘之死感到哀慟萬分。

❷ 你是否能更進一步想到，誰可能是製造第 30 到 31 頁歷史解釋的人？

❸ 你認為，誰可能做出較同情李察的歷史解釋？

為何對李察有不同的歷史解釋？

有不少書、戲劇、電影、網站，甚至博物館，都跟李察三世有關。其中有些認為他是邪惡的凶手；有些則認為他是個善良、忠誠的人，也是位成功的國王。

❶ 這些漫畫在說明，關於李察的歷史解釋為何有這麼多種。
你能從這些對話場景中找到怎樣的解釋呢？

1

我希望人們憎恨李察，為我的登基感到慶幸。我會雇用最好的寫手，以確保大家都相信李察殺了王子們。

2

我需要一個聳動的故事吸引大家進戲院。觀眾總是喜歡看到一個壞透了的反派。我要寫一個有關李察三世的劇本，人們一定會愛看……

▲ ……大家確實很愛看莎士比亞的《李察三世》，過了四百多年仍持續在劇院上演。

3

我不是很確定。沒有任何文獻證明李察殺了王子們，但也沒有文獻證明他沒殺。沒有人確定他們發生了什麼事。

所以你認為李察三世殺了他的姪子嗎？

4

從某些方面來說，李察是位好國王，他聰明、工作勤奮，是個好軍人。

的確。但他也很殘酷無情，是一個不同特質的混合體。

大概念

歷史解釋區

歷史是……

可以有**多種歷史解釋**。一個歷史解釋，只是某一個版本的歷史。

■ 研究歷史解釋的第一件事，就是比對證據。
■ 然後說明。意思是，理解為何有些人要製造這樣的歷史解釋，這個動機如何影響他們寫或說的故事。

在這一單元，這兩點你已經都練習到了。

想一想

你認為一份歷史作業是一種歷史解釋嗎？為什麼？

……但是留意！某些歷史解釋更容易受到注目！

某些人會為了達成個人目的而用特定方式解釋歷史，亨利·都鐸和李察三世的故事是其中的極端案例。但是，也有些較不為人所知的例子。事實上，任何有關歷史的書寫——甚至一部電影或一間博物館的展示——都是一種歷史解釋。因為在某些地方的某些人，已經**選擇**了何為事實，並決定**如何呈現**那些事實。

A 《恐怖歷史》系列童書
（邪惡的維多利亞時代）

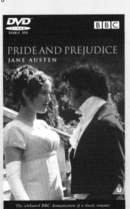

B BBC 影集《傲慢與偏見》

C 倫敦塔觀光簡介
（注意：值得捨命一日遊的地方）

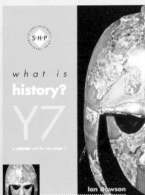

D S.H.P. 歷史教科書

1 以上這些圖片呈現了一些歷史解釋。請將它們與以下目的配對（可複選）：

■ 為了娛樂
■ 吸引觀光客
■ 讓更多顧客買單
■ 提供準確的資訊
■ 盡可能使歷史更有趣
■ 讓你笑

下一區是什麼？

接下來你想考察哪一區？翻回目錄頁看你的選擇。

2 你認為製作者的目的會影響他們的歷史解釋嗎？如果會的話，會怎麼影響？

4 他們為什麼移民美洲?

十七世紀初,數以千計的人們從不列顛(Britain)移民美洲。在現代,這樣的旅程只需要搭幾小時的飛機,但在從前並沒那麼容易。通常搭船得花上數週的時間,而且充滿危險。每一次旅程,四百五十人當中就有一百人病死。無論如何,踏上旅程的人都知道他們大概就此與家人和朋友永別……

❶ 仔細看以下插圖並想想,為什麼人們決定冒如此大的危險去美洲。請將主要原因條列出來。

1 1649-1660

> 英國應該由國王統治,我不喜歡留下來,被國會統治。

> 現在我不敢留在英國,因為那兒又被國王統治。

約翰‧華盛頓(John Washington)
1649年英國國會處決查理一世(Charles I),成為統治者。許多查理一世的支持者(稱為保王黨)移民到美洲,約翰‧華盛頓是其中之一。

威廉‧高夫(William Goffe)
他簽署了處決查理一世的命令。十一年後,查理的兒子成為國王,他要這些弒君者(殺國王的凶手)接受審判。高夫於是逃往美洲。

2 1741

> 我寧願被鞭打,也不願被送往美洲。

伊莉莎白‧哈蒂(Elizabeth Hardy)
她在倫敦被丈夫拋棄,身無分文。後來儘管她所偷的東西價值不超過一鎊,年僅十九歲的她卻被判處終身流放美洲。
在十八世紀,倫敦七成的罪犯遭受同樣命運。有個名叫查理‧史考特威爾(Charles Scoldwell)的男子,被判處終身流放美洲,只因為偷了兩隻鴨子。

3 1760s

> 我們不知道美洲情況如何,但不可能比在家鄉挨餓更糟。

詹姆士‧麥克米歇爾(James MacMichael)
他曾經擔任軍官。是十八世紀從愛爾蘭和蘇格蘭前往美洲的眾多移民之一。他離開愛爾蘭,是因為農地租金高,卻年復一年歉收,讓他們面臨挨餓死亡的威脅。就算他們到城市工作,工資還是低得不足以買到填飽肚子的食物。儘管詹姆士曾是軍官,抵達美洲後,他仍覺得被當作野蠻人看待。

4
1762

> 被抓捕，接著一再被賣，總有一天，我要自由地選擇自己的居住地。

奧拉達・艾奎亞諾（Olaudah Equiano）

他是個奴隸。十歲時在西非被抓，然後被賣到英國當奴隸，1762 年再被轉賣到西印度群島。

然而，艾奎亞諾是少數有幸福結局的奴隸，他湊足錢贖身，且餘生都參加反奴運動。

贖回自由後，他輾轉在幾艘遠洋船上工作，並於 1773 年參與北極探險。這次探險中的一名十五歲船員，就是出現於第 40 到 43 頁的何瑞修・納爾遜（Horatio Nelson）。

艾奎亞諾最後回到英國，在 1789 年寫了一本有關自身經歷的書，獲得很大的成功。他和一名英國女子結婚，組織家庭。

5
1606

> 美洲！還有什麼事比到新地方探險更有趣？我之後還會有怎樣的探險經歷？

約翰・史密斯上校（Captain John Smith）

他是第一批到美洲的拓墾者之一。雖然他當時只有二十六歲，但他從十五歲起就在歐洲各地旅行，大部分時間都以軍人的身分參與戰鬥。在美洲時，拓墾者為了糧食收成不足的問題而煩惱，他自願為此跟當地的印第安人聯繫。然而，印第安人卻俘虜了他，在他即將被處死時，印第安酋長的女兒寶嘉康蒂（Pocahontas）救了他。之後，印第安人一直協助拓墾者，直到史密斯回到英國。

6
1630–1641

> 上帝幫助我們逃離國王的宗教法，很快我們就能以上帝期望的方式禱告。

安妮・布萊德史崔特（Anne Bradstreet）和約翰・溫斯洛普（John Winthrop）

他們是清教徒。在 1630 到 1641 年間，有八萬清教徒從英國遷徙到美洲，以實現他們崇尚簡樸的宗教理念。他們痛恨查理一世強加在人民的信仰方式。安妮成為詩人；約翰是律師，後來成為美洲的政治領袖。

想一想

哪一種資料最能幫助你進行這個任務？是圖片、是描述、還是對話？為什麼？

以下是人們想橫渡大西洋的 **理由**
（reason）：

> **宗教：**以他們想要的方式敬神。
> **政治：**反對政府的統治方式。
> **更好的生活：**逃離貧窮。
> **探險：**探勘令人興奮的地方，或許可從中獲取財富。

1600

1606 年
約翰・史密斯上校

❶ 你同意以上列表嗎？

❷ 這些移民者各搭配哪一個理由？（小心：我們故意遺漏了一個理由。）

1650

1630-1641 年
安妮・布萊德史崔特
約翰・溫斯洛普

1649-1660 年
約翰・華盛頓
威廉・高夫

1700

1741 年
伊莉莎白・哈蒂

1750

1762 年
奧拉達・艾奎亞諾

1760 年代
詹姆士・麥克米歇爾

想一想

你認為，今日人們決定移民的理由，與這一頁的理由相似還是不同？

1800

大觀念

「為什麼?」區

歷史是……

找出事情發生的原因。在這個「為什麼?」區,你開始問:為什麼人們要離開英國到美洲?你應該發現理由或原因（cause）不只一種,而是有很多種!所以,當你有疑問時,不要只找一個原因或一個結果,因為通常會有更多。

不同的人就會有不同的理由。但即使這麼說仍然太簡化。事實上,就算是**單單一個人或群體**,也可能同時**結合多種**原因行動。

❶ 仔細看以下清教徒的圖片,並與第 37 頁圖 6 的說話內容相比。在解釋歷史原因方面,這張圖讓你學到什麼?

下一區是什麼?

接下來你想考察哪一區?翻回目錄頁看你的選擇。

39

5 何瑞修·納爾遜
真的如此意義重大嗎？

何瑞修·納爾遜（Horatio Nelson）是英國史上最有名的人之一。他是偉大的英雄，因此人們將他的雕像放在英國最大城市倫敦的市中心、（當時）世界最高的紀念柱柱頂。

納爾遜紀念柱的高度，需要三十位以上的大人站著疊疊樂才能到達柱頂。柱頂的納爾遜雕像則至少有三位大人那麼高。

這類的紀念殊榮，通常是非常有**歷史意義的**（significant）人才能得到。在歷史意義區裡，你將決定納爾遜是否真的如此有歷史意義。

❶ 讀完下兩頁的故事後，請填寫以下表格。你也可以利用空白紙張盡情書寫。

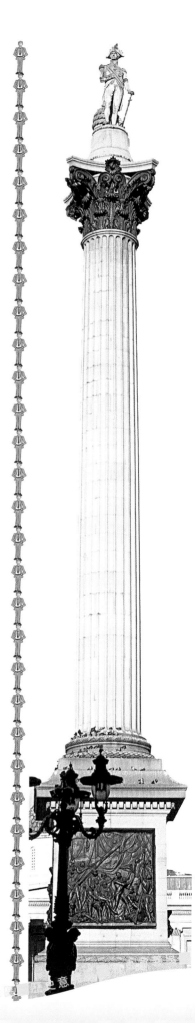

納爾遜為何 在他的時代如此有名？	納爾遜在歷史上 何以如此意義重大？

1

成為英雄

想一想

1. 有名和歷史意義有什麼不同？
2. 你能想出一個不具有重大歷史意義的名人嗎？

納爾遜總是想當英雄。他在 1770 年加入海軍，正好是他十二歲時。雖然經常暈船，但納爾遜升遷迅速，不到二十一歲就當上艦長。1793 年，英法戰爭爆發，他終於有機會可以實現英雄夢。

[2] 受傷了!

■ 1794 年，納爾遜的右眼被砲彈碎片擊中，嚴重受損。此後，他的右眼只能辨識光線和暗影，但他並未因而自暴自棄。

■ 1797 年，納爾遜被滑膛槍的子彈擊碎右上臂骨頭，只能截去整條右臂。但他仍不退役。將袖子塞進外套裡的模樣，幾乎成了他的註冊商標。

[3] 尼羅河的英雄

1798 年，法國的陸軍和海軍航向印度——大英帝國（British Empire）最富庶的地方，納爾遜追逐法軍，並且在埃及一帶圍堵他們。他在尼羅河之役（Battle of Nile）摧毀了法國艦隊，解除了印度即將面臨的威脅。

英國各地的人們敲響教堂的鐘，點燃篝火，大肆慶祝。家家戶戶的窗子裡似乎都看得到納爾遜的畫像。

[4] 納爾遜的魅力

納爾遜不只是國家的英雄。他的士兵喜歡且尊敬他，因為他不但勇敢，還對部下公平寬厚。他對初次參戰的年輕士兵特別仁慈。

[5] 拿破崙將至：誰能阻擋他？

法國的拿破崙皇帝（Emperor Napoleon of France）是史上最厲害的將領之一。1805 年，拿破崙控制了大部分的歐洲，他的下一個目標是英國。

6 入侵警報

拿破崙準備進攻前，在法國海岸集結了十萬大軍，軍容之壯盛，連英吉利海峽（English Channel）對岸都看得到陽光下閃耀的白色營帳。拿破崙建造了一批搭載士兵前往英格蘭的駁船（barge）。現在他要做的，只剩等待駁船的護航艦隊從西班牙抵達。

在英國，人們在沿岸建造信號塔，法國人一登陸，信號塔就會施放烽火，消息在兩分鐘內就會傳到倫敦。人們也分配到可以禦敵的武器。

但是，納爾遜想到其他保護英國的辦法……與其等拿破崙的船到來，不如主動到西班牙南部的卡地斯（Cadiz）找他們。

❶ 我們在以下頁面空下了每一小段文字的標題，交給你決定怎麼寫。你可以將想到的標題寫在另一張紙上。

7 ？

1805 年 10 月 21 日，兩方海軍在西班牙的特拉法加岬角（Cape Trafalgar）交戰。

納爾遜下令所有船隻：「英格蘭希望每個人盡忠職守。」

砲手將木屑灑在甲板上，以防戰友因流血而滑倒。水手脫下上衣，省得他們受傷時，外科醫生得割開他們的襯衫。納爾遜穿著他的海軍上將制服，勳章在胸前閃閃發光。

8 ？

納爾遜讓法國人大出意料。他沒有讓船艦與法國艦隊平行相對開砲，而是讓己方的船排成一列衝破法國人的戰線。這種嶄新戰術讓英方大獲全勝。

法國艦隊在混亂中四散，英國艦隊乘勝追擊，十八艘法艦遭擊沉或俘虜。

9 ？

英國免於入侵威脅……但納爾遜陣亡了。戰況正激烈時，一名法國士兵從船帆支索上對納爾遜開火，讓他受到致命的一擊。納爾遜的臨終遺言是：「感謝上帝，我已盡責。」一名士兵說，當消息傳出，「作戰時猶如魔鬼的漢子們都坐了下來，哭得像娘們。」

10 ？

納爾遜的屍體被帶回倫敦。街道上數以千計的人列隊為他送葬。人們帶著有他肖像的杯子、盤子、紀念章，就連女士的衣服上也有肖像。詩人羅伯特·索塞（Robert Souy）說：「英格蘭有許多英雄，但從沒有一個像他如此受到同胞愛戴。」

11 ？

接下來的一百年當中，英國的海軍是世界上最強大的。不列顛從此富庶，因為海軍保護了商船，沒有國家敢向不列顛挑戰。

大觀念

歷史是……

決定何人或何事具有歷史意義……還有為什麼。若要有歷史意義，光有名氣還不夠。

2002 年，英國國家廣播電台（簡稱 BBC）舉行了一場票選：「偉大的英國人」（Great Britons），讓人們選出心目中最偉大的英國歷史人物。這場票選引起很多爭論，前一百名當中，有些人很有名或很受歡迎（像歌手或足球明星），但他們真的是具有歷史意義的人嗎？納爾遜名列「偉大的英國人」前十名！你認為他真的有那麼重要嗎？以下羅列一些衡量歷史意義的標準（criteria）。

具有歷史意義的理由	何瑞修·納爾遜
1. 這個人在世時是否改變了一些事？	
2. 這個人是否改善了許多人的生活？或是讓大家過得更糟？	
3. 這個人是否改變人們的觀念？	
4. 這個人對國家或世界是否有長遠的影響力？	
5. 這個人在人生或行為方面是否可以當個好典範或壞榜樣？	

❶ 以上表格的每項標準滿分四分，請為納爾遜打下你心中的分數。
你可以參考在第 40 頁完成的表格。

❷ a. 請看右邊圓餅圖，哪一個歷史面向讓你最感興趣？為什麼？

b. 你認為哪一個面向最重要？為什麼？

c. 你能想出史上還有誰比納爾遜更具歷史意義嗎？

d. 納爾遜是否有重要到每個人都得在學校課程中認識他？

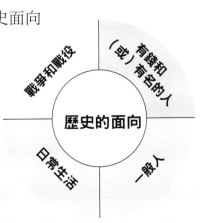

歷史的面向

戰爭和戰役　有錢和（或）有名的人　日常生活　一般人

下一區是什麼？

接下來你想考察哪一區？翻回目錄頁看你的選擇。

初抵英國時
是什麼樣的感覺？

1948 年 6 月，有五百名西印度群島人（West Indians）搭乘帝國疾風號
（SS Empire Windrush）抵達英國。

時值第二次世界大戰結束後三年。英國勞力短缺——尤其是駕駛、
護士和工廠工人，但其他種類的工人也缺。為此他們在西印度群
島，即加勒比海地區（Caribbean）刊登廣告。接下來十年間，
共有十二萬五千名西印度群島人來到英國。這些人抵達並居住
在一個新國家時，有什麼樣的感覺？

推測過去人們的想法和感覺，稱為「神入」（empathy）。
在神入區，你將透過 1940 年代和 1950 年代來到英國的
人物訪談摘錄，理解他們的想法和感覺。

❶ 在你開始檢查資料前，想想看人們可
能有什麼感覺？簡單寫下一些
字句，描述 1948 年從西印
度群島搭帝國疾風號到英
國可能有的感覺。

❷ 找一位夥伴合作，
依序研究資料 A
到 I（如果時間有
限，請盡其所能
研究你能看完的
部分）。做一張
清單，列出描述
西印度移民感受
的字句。請用資
料內的字詞或其
他描繪感覺的字
詞。

▶ **資料 A**

1958 年 9 月 22 日，來自牙買加 （Jamaica）的 移民抵達紐黑文 （Newhaven）。

▶ **資料 B**

許多西印度群島的人到英國參加第二次世界大戰，例如這些人是英國皇家空軍（簡稱 RAF）的飛行員。兩百五十人來自千里達（Trinidad），其中五十二人死於戰場。優頓·克里斯汀（Euton Christian）在 1944 年從西印度群島到英國加入空軍，1947 年他回到牙買加，然後搭帝國疾風號回到英國。後來他當選曼徹斯特（Manchester）市議會議員（1971），他回憶道：

當我們剛到英國時，穿著制服，多少受到一些歡迎。但是戰爭結束，他們又自說自話：「好吧，小子，你們已經在這裡待了兩、三年，你們幫我們打勝仗了，回家吧，現在是不是該回家了？」他們釋放出諸如此類的訊號。雖然都沒有明說出來，但差不多就是這個意思。

45

▼ 資料 C

賽希爾・霍尼斯（Cecil Holness）1944 年加入英國皇家空軍。1947 年回到牙買加，然後搭帝國疾風號回到英國。他住在倫敦，擔任汽車修理工。

我們 1949 年結婚時，我看到櫥窗裡有房屋出租的廣告，打電話給這位女士，她說：「喔，是的，來看看吧！房間都空著，你來就租得到。」當我抵達時，按了電鈴，這位白種女人出來，我說：「午安，夫人。」應門的這一刻，你就知道她受到驚嚇，因為她沒料到會看到一個黑人，她說：「不，我沒有任何房間要出租。我不租給黑人。」

▼ 資料 D

摘錄自 1998 年出版的教會雜誌《改革》（Reform）的訪談內容，受訪者是 1950 年代抵達英國的倫敦人。

貝里斯・安德森（Berris Anderson）說：「在英國鐵路工作七週後，工頭把我們開除了。有個白人傢伙，在工作時生了個火，我們靠近火堆想要暖手，他就跑走，去跟工頭告狀。工頭把我們叫到辦公室說：『你們就做到週五。』我們七個全都沒工作了。我們都曾有類似遭遇，不過這是我來之後，唯一這麼對待我的地方。」
波林・溫特（Pearline Wynter）說：「嗯，大家對我滿好的，我不覺得有什麼不對勁。直到現在，我在這個國家從未跟任何人惹過麻煩，我也不能為此誣衊任何人。」

▼ 資料 E

康妮・馬克（Connie Mark）1954 年到英國與丈夫團聚，她的先生是職業板球選手，為東北區的俱樂部效力。她本身在英國國民保健署（簡稱 NHS）工作直到退休。

我一來，就看到每個人各自回到自己的小房子裡，沒有人跟你說話。這在牙買加絕對不會發生。只要你在街頭遇見某個人，一定會道個早安、晚安或哈囉。在這裡，你會發現，你道早安也沒有人回應，這時就覺得自己很愚蠢，也就不再說早安了。

▼ 資料 F

埃文・維克斯（Ivan Weekes）1955 年到英國，之後成為切爾西（Chelsea）的地方議員，以下他描述 1958 年種族騷亂（race riots）時人們的態度。

我很害怕，也很擔心接下來會發生什麼事。當時我有可能會被殺。比如你上了公車，車上的氣氛瞬間緊張起來，讓你透不過氣。人們會小聲交談說：「你有聽說昨晚發生什麼事嗎？你聽到是誰中槍嗎？」人們射向你的目光像是矛和匕首，還有人會用口水啐你。我是沒被吐過口水，但我知道這種事曾發生。如果你在公車上找位子坐下，鄰座的人還會起來換位子。但是，有人看你怕得要命，也會對著你說：「嘿，老兄，別理他們，我們不會都一樣。」我想那是一句很重要的話。這是我的經驗——「別理他們，我們不一樣。」就是這麼短短一句話給了我兩樣東西：希望與安慰。人們不會都一樣。

資料 G

文斯·理德（Vince Reid）十三歲時搭帝國疾風號到英國。後來他從學校中輟，加入英國皇家空軍，之後進入薩塞克斯大學（University of Sussex）深造，成為一名老師，在倫敦執教直到退休。

我去上學時，大家總是對我感到好奇，這滿令人驚訝的，畢竟英國明明已經有黑人士兵了。有人會過來搓揉你的皮膚，看看能否把膚色變淺，有的還會摸你的頭髮，反正，就是很汙辱人。當然，還有潛伏的暴力——總是會有人想打你。

我是學校裡唯一的黑人，入學時，他們甚至連測驗都沒做，就直接讓我從最低年級開始。等到年終評測之後，才把我編到高級班。但是我記得，一位老師教莎士比亞時，問說：「誰能解釋「獨白」（soliloquy）是什麼意思？」我舉手回答。我當時說話不像現在這樣，牙買加口音比較重，老師笑翻了。他這樣公然嘲笑，讓我感到非常困窘。因為覺得太生氣、太丟人，我索性就不再上學了。至今想到依然覺得心痛。他們學你，覺得自己沒有惡意，以為你什麼都不懂。就算是 1949 年的事，現在想到還是痛。

❶ 大家一起蒐集有關 1948 年西印度群島移民感受的字句，列成清單。

❷ 比較一下，大家列的清單和你列的清單有何不同？如果不同，為什麼？

資料 H

愛德文·羅伯特（Aldwyn Roberts）是演唱卡利普索風格音樂（Calypso）的歌手，藝名「基奇納爵士」（Lord Kitchener）。他也是帝國疾風號的乘客。

一個朋友告訴我，可以去日落俱樂部工作。我開始唱這首歌（編按：指他的成名曲〈倫敦是我心所向〉），加勒比海人理所當然懂這首歌，也會解釋給他們的白人朋友聽。所以很多人都聽得懂這首歌，後來這首歌紅到讓我一個晚上到三家俱樂部唱歌，這樣持續一陣子，我就沒什麼好擔心的了，日子過得像國王一樣。

資料 I

崔費娜·安德森（Tryphena Anderson）1952 年從牙買加抵達利物浦。她在諾丁漢（Nottingham）受訓為護士。

我來自一個明亮的地方，陽光燦爛，色彩豐富，離開那裡讓我難受。我想回到故鄉想到心痛，以前有過的某種自由，還有那種跟同類在一起的同伴情誼，都很懷念。有一天，我在公車上，看到路上有個黑人，我就想，如果公車停下來，我會下車，跑去擁抱他，然後問他從哪裡來。

47

大觀念

歷史是……

> **神入──運用資料了解人們的感受和經驗。** 學歷史你會很常用到神入，但是你不能憑空想像人們的生活樣貌，在史學上，你必須用資料，發現他們的感受和經驗。

找出某些人的感受會比另一些人更難，因為沒有足夠的資料說明他們的想法。

❶ 為了找出帝國疾風號乘客的生活經驗，本區使用了哪些類型的資料？

❷ 以下五個人當中，你認為我們可以比較容易找到誰的感受？誰的感受比較難了解？

挪威國王
哈拉爾·哈德拉達
（1045-1066）

女王伊莉莎白一世
（Queen Elizabeth I）

威廉·格雷史東
（William Gladstone），
英國維多利亞女王時期的首相

羅伯特·布林克
（Robert Blincoe），
十九世紀初前後的年輕工人

湯姆士·伍德寇克
（Thomas Woodcock），
啤酒製造商，伊莉莎白一世時，
住在諾福克郡（Norfolk）的
懷門德姆（Wymondham）

❸ 人們的記憶，像是資料 A 到 I 中的文字，會是值得信賴的（trustworthy）證據嗎？

……請記住，「當初是什麼樣的感覺……」總是有不只一種答案。

不同的人，有不同的經驗。透過解讀資料，你已經在本區學會這件事。

不論何時，學習歷史事件時，你必須記得，人們有不同的經驗、態度和反應。

你注意到了嗎?

在本書的每一區,你遇見了不同歷史人物。
歷史是……與人有關的——他們做什麼?為什麼這麼做?
他們的生活如何受到事件的影響?歷史總與人有關。

西元前 1000 年

西元前 500 年

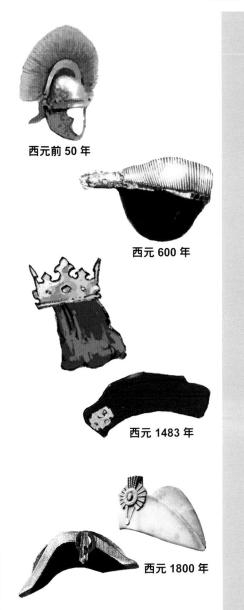

西元前 50 年

西元 600 年

西元 1483 年

西元 1066 年

西元 1762 年

西元 1800 年

西元 1948 年

西元 2000 年

④ 你可知道左圖少了
誰的臉?他們是什
麼身分?是哪一時
期的人?每一位人
物你都在本書遇見
過。

下一區是什麼?

接下來你想考察哪
一區?翻回目錄頁
看你的選擇。

7 「將歷史學得更好」是什麼意思?

進步區

恭喜你!你已經完成歷史啟蒙的課程,進步區將在這裡串連每一區課程。

❶ 下列插圖代表了你已經探究過的一些事物。這些圖分別屬於哪一區,你能正確配對嗎?

證據區	歷史解釋區
「為什麼?」區	歷史意義區

神入區

歷史是……

探究:提出疑問和考察問題。

C

我值得流芳百世。

在你船上參與戰鬥的那些普通人呢?

他們難道不值得一起被記得嗎?

A

B

D

我離開,因為討厭國王。

我離開,才能發大財。

我只能離開,沒得選。

E

李察國王是好人,我們約克人喜歡他。

這位國王很壞,他為了稱王,甚至讓人殺了親姪子。

拒絕有色人種

有空房

歷史是……

爭論（debate）。你可能已經發現，每一次探究都會有爭論和不同意見。學歷史難免會如此。

② 你能為以下這些爭論找到合適的區配對嗎？

1

人們移民美洲的主要原因是宗教。他們不喜歡國王的宗教政策。

宗教因素對某些人是重要的，但我想大部分的人移民是為了更好的房子，更多的食物和金錢。

4

李察三世是好人，所有的北方人都為他而戰，不相信他是殺人凶手。

可是王子們怎麼了？他們消失了，再也沒有人看見他們。

2

你不能完全確定，沒有足夠的證據可證實。

我確定那些遺骸是史丹福橋戰役中被殺的維京人。

5

納爾遜是非常重要的人，他讓英國免於受到侵略。

重要？真正重要的，是那些努力改善普通人居住和工作條件的人。對大多數人而言，這些事情比較重要。

3

我父親告訴我，他在英國得到很好的待遇。很快找到好工作，且每個週末都去打板球（cricket）。

他很幸運。我們家就不同了。他們因為種族歧視不斷被迫搬家，過了好幾年才安定下來。

想一想

1. 為什麼歷史有如此多的意見衝突和爭論？你能想到多少原因？
2. 你認為爭論和意見衝突，使歷史更有趣，還是更困難？你自己的意見是重要的。

歷史是……

> **理解過去。**透過此書,你學會在不同的時機使用不同方法,這些都有助於你學習歷史。但歷史不只是運用資料,或只是解釋「原因」,或單單只是某一區使用的技巧。我們學歷史的目的是理解過去,而做到這點需要結合你學到的所有技能。

這裡有個例子,示範如何整合各區的學習。這張圖描繪 1649 年國王查理一世被處決的場景。由一位法國藝術家在行刑不久後畫下。如果你想理解 1640 年代的人和事件,你需要用到在各區學過的概念(甚至其他我們還沒學過的概念),來針對這幅畫發問。

① 運用從書中學到的概念想出有助於理解這幅畫和畫中事件的問題,每一區至少要有兩個相應的問題。你可以先回顧前兩頁和所有「大觀念」的頁面再作答。通常你會因為好答案而得到好分數,但這次你會因為問了最好的問題,得到最好的分數。

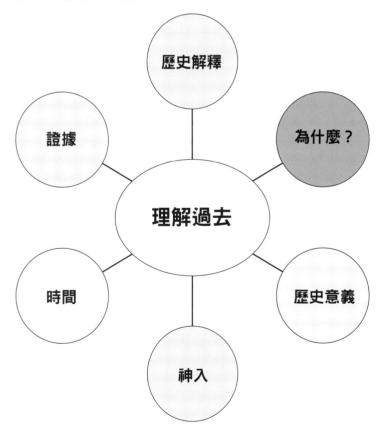

■ 將歷史學得更好

這裡有個小活動,你將從中得知你在學習歷史方面,已經學到多少。

❶ 這些學生當中,誰對「將歷史學得更好」最有概念?你能想到其他「將歷史學得更好」的方法,放在 9 號學生的背心上嗎?

❷ 重新安排學生的順序,將最能讓歷史學習進步的方法,放在最接近終點線的地方。

!!!終點線!!!
將歷史學得更好的意思是……

1 用色筆畫重點

2 能決定自己對答案有多肯定

3 寫下長的答案

4 知道更多日期和事實

5 用證據想出自己的觀點和意見

6 記得事情發生的原因通常有很多,不只有一個

將歷史
學得更好的賽跑

理解如何
運用資料
當證據

寫得非常
有條有理

7

8

9

詞彙！詞彙！詞彙！

如果你用正確的詞彙，就能將歷史學得更好！

③ 你能解釋以下字詞的意思嗎？

編年體、年表（chronology）	人工製品（artefact）
中古時代（medieval）	動機（motive）
古代的（ancient）	原因（cause）
現代的（modern）	文件（document）
時期（period）	考察（investigation）
歷史解釋（interpretation）	探究（enquiry）
歷史意義的（significant）	假說（hypothesis）
神入（empathy）	考古學（archaeology）
資料（source）	時代錯置（anachronism）
證據（evidence）	結果（consequence）

■ 運用大觀念

現在你已經知道歷史是什麼，可以繼續往前，做得更多了。
這個桌遊顯示，你在未來三年將考察的一些人和事件。

遊戲規則

■ 大家分成兩隊，兩隊互相對抗。
■ 藍格子 —— 在藍格子停留時，都會看到一個問題。你必須判斷這個問題屬於哪些區，列出你的答案，每答對一次得 2 分。
■ 黃格子 —— 在黃格子停留時，都要依據旁邊雲朵的提示，寫下對應格子內容的問題。每問一個好問題，就可以得 2 分。
■ 圖片格 —— 不必停留。
■ 遊戲結束後，參考附錄的解答記分。加總你們的分數，看哪一隊獲勝。

歷史解釋區

1455 年 -1487 年

玫瑰戰爭
（Wars of Roses）

我們如何知道
中世紀的生活樣貌？

證據區

1415 年

亨利五世（Henry V）
和阿金庫爾戰役
（Battle of Agincourt）

1348 年

黑死病
（Black Death）
真的很重要嗎？

1337-1453 年

英法百年戰爭
（Hundred Years' War）

神入區

1066 年 ◀ **開始**

為何諾曼人贏得
黑斯廷戰役
（Battle of Hasting）？

1095-1291 年

十字軍東征（Crusades）

歷史意義區

為什麼？區

1170 年

亨利二世（Henry II）
和托馬士·貝克特
（Thomas Becket）之死

1215 年

每個人都同意約翰王
（King John）
是個可怕的國王嗎？

1215 年

住在中世紀的城堡裡，
是什麼的感覺？

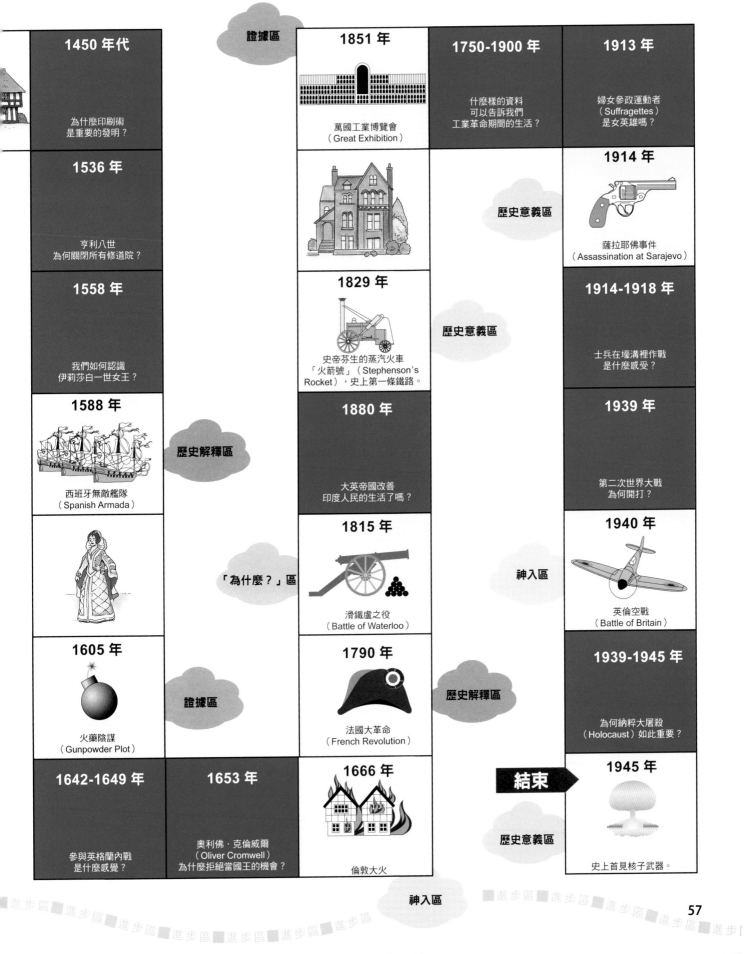

證據區

1851 年

萬國工業博覽會
（Great Exhibition）

1750-1900 年

什麼樣的資料
可以告訴我們
工業革命期間的生活？

1913 年

婦女參政運動者
（Suffragettes）
是女英雄嗎？

1450 年代

為什麼印刷術
是重要的發明？

1536 年

亨利八世
為何關閉所有修道院？

1558 年

我們如何認識
伊莉莎白一世女王？

1588 年

西班牙無敵艦隊
（Spanish Armada）

歷史意義區

1914 年

薩拉耶佛事件
（Assassination at Sarajevo）

1829 年

史帝芬生的蒸汽火車
「火箭號」（Stephenson's
Rocket），史上第一條鐵路。

歷史意義區

1914-1918 年

士兵在壕溝裡作戰
是什麼感受？

1880 年

大英帝國改善
印度人民的生活了嗎？

1939 年

第二次世界大戰
為何開打？

歷史解釋區

1815 年

滑鐵盧之役
（Battle of Waterloo）

「為什麼？」區

神入區

1940 年

英倫空戰
（Battle of Britain）

1605 年

火藥陰謀
（Gunpowder Plot）

證據區

1790 年

法國大革命
（French Revolution）

歷史解釋區

1939-1945 年

為何納粹大屠殺
（Holocaust）如此重要？

1642-1649 年

參與英格蘭內戰
是什麼感覺？

1653 年

奧利佛·克倫威爾
（Oliver Cromwell）
為什麼拒絕當國王的機會？

1666 年

倫敦大火

結束

1945 年

史上首見核子武器。

歷史意義區

神入區

附錄

參考答案與補充資料

時間區

第16頁

第一階段的❶到❸解答：

時期	人物	建築
古希臘時代	❹	A
羅馬時代	❺	B
盎格魯−撒克遜和維京人時代	❸	C
都鐸時代	❻	D
維多利亞時代	❶	E
二十世紀	❷	F

想一想的解答

1. 最好先從會的做，真的難以判斷，再查詢那個時代的圖片——網路是很快速的資料來源，但要小心求證。根據學過的時代知識，再綜合衣服和建築的形式來判斷。古希臘文化影響羅馬，之後維京人掠奪海岸城市，都鐸時代有伊莉莎白女王，維多利亞時代的女子喜歡包著頭巾，飛機與飛行員是二十世紀的產物。以建築的材質、樓層、形式為例，A有古希臘式山牆、石頭列柱、墊高的台階。

2. 從知道的先做。如A古希臘建築最為典型；其次C盎格魯−薩克遜或維京人到處遷徙征戰，居住在比較簡易的茅草屋；D木頭鑲框加上白泥牆，是都鐸時代特色；E維多利亞時代喜歡仿照中古歷史建築，老虎窗、列柱、弧形窗；F兩層樓、現代幾何形窗戶、鐵門，屬於二十世紀建築；最難判斷的是B，但只剩下羅馬時代沒有配對，平常見到最多的巨大羅馬建築，都屬於公共建築，龐貝城的挖掘，可以進一步見到普

通民居的形式，屋頂瓦片、沒有玻璃的窗，水泥牆，橫向發展。可參考〈龐貝的民居〉一文（網址：http://www.chiangchiang.url.tw/doc/86.html）這些活動是針對英國的中學生設計，在他們的生活圈裡常見，所以相對容易。老師們也可以改為台灣或中國的衣物與建築做練習。

第18頁

第二階段的❶到❷解答：

時代	搭配圖
古希臘時代	⑧、⑨
羅馬時代	③、⑪、⑫、⑮
盎格魯—撒克遜和和維京人時代	⑩、⑬、⑯
都鐸時代	⑤、⑰、⑱
維多利亞時代	⑦、⑭
二十世紀	❶、❷、④、⑥

圖片詳解

判斷困難者，也可以拍攝圖片，以圖找圖，老師可示範練習搜尋資料，也是重要的學習過程。

1. 收音機
2. 《比諾》（The Beano），1938年創刊的兒童漫畫
3. 蛇髮女妖鑲嵌畫
4. 蒸汽火車
5. 都鐸時代的帆船戰艦（打敗西班牙無敵艦隊）
6. 敞篷車
7. 拉繩馬桶
8. 雅典衛城的三層槳船雕刻
9. 希臘彩繪瓶

10. 末日審判書（Domesday Book）

11. 古羅馬碑文

12. 羅馬帝國紫砂陶碗（一世紀中葉）

13. 盎格魯－撒克遜頭盔

14. 《少爺返鄉》（*Nicholas Nickleby*），十九世紀狄更斯的小說

15. 羅馬時代貝麗薩瑪（Belisama，不列顛地區的女神）銘文

16. 維京人戰艦

17. 迫害女巫運動

18. 聖餐禮錫盤組。宗教改革後，盤裝無酵餅，壺裝葡萄酒

第19頁

想一想的解答

1. 古希臘時代

2. 經常出現在影視資料中

第20頁

第三階段的❶和❷解答：

A：中古時代。對應的圖：

1. 中古莊園城堡

2. 中古婦女

5. 中古騎士

B：斯圖亞特時代。對應的圖：

3. 迫害女巫（英國發生於十六到十七世紀）

4. 英格蘭王查理二世（1630-1658年）

6. 印刷書（1450年古騰堡金屬活字印刷術出現於歐洲）

7. 穿誇張蓬裙的女子（都鐸時代的流行）

8. 十七世紀倫敦大火（英王查理二世引入新科技重建）

第22頁

❶ 十六到十七世紀統治英國的王室家族姓都鐸。這個時代是英國國勢逐漸變強的關鍵。

❷ 中古時代介於上古希臘羅馬時代和文藝復興之間，另一種不同於前後的時代樣貌。

第23頁

❸ 亨利八世的都鐸時代，不可能有汽車、相機、燕尾服。

（房屋特色是半圓木，即木頭鑲框加上白泥牆，無誤。）

證據區

第25頁

❸ 線索B提供鄰近兩個戰場位置，應該為戰爭遺骸，但仍不確定是哪一場戰爭──是英格蘭敗的富爾福特戰役？還是史丹福橋戰役？

線索C排除墓地的可能。根據史料A到C，骨骸可能屬於挪威入侵英國時兩場戰役中的陣亡士兵，可能是英國人，也可能是挪威人。

第26頁

❶ 線索D的骨頭為劍斧所傷。

線索E從史丹福橋戰場退回船上的最終路線有經過雷科村，正好是遺骸所在位置，可能為史丹福橋戰役。

線索F，畫出當時戰爭武器為劍、斧、矛、盾，骨頭與斧傷、劍傷相符。

以上三個線索支持我的假設，可能為其中一場戰役。

第27頁

想一想的解答

1. 線索H。

2. 由此可推斷骨骸為戰役中維京人的屍體。

3. 因為線索G詳細的文字紀錄提供更清楚的佐證。

第28頁

❷ 資料A：知道盎格魯–撒克遜戰士的頭盔，中間鼻孔處，可以呼吸。

　資料B：知道兩場戰役詳細的過程，也見到中古英語的書寫。

想一想的解答

1. 影像、聲音、文字、衣物，但要留意造假。

2. 現代生活的影像和文字材料都很豐富；要了解古代生活只能從有限的文字紀錄、圖畫和考古成果去想像。

第29頁

❸ 1080年書寫1066年的戰爭，相差十四年，且附近沒有教堂或修道院，不確定是英格蘭哪一地區修士所寫？是否訪問過當地人？是否偏袒英格蘭立場？

　有興趣的人可以用「盎格魯–撒克遜人」或「盎格魯–撒克遜編年史」為關鍵詞進一步搜尋資料，了解更多。

❹ 1. 誰寫的？

　2. 是否親見或親聞？從哪裡取得資料？

　3. 為什麼目的而寫？

　4. 站在誰的立場？

　5. 考古比較可信？還是文件？

　6. 可以只靠一類材料嗎？

❺我有一個可能的答案——線索A到H，逐漸讓我釐清我的疑問。在英格蘭王哈洛德戰勝挪威王哈拉爾的史丹福橋戰役後，大量挪威人想逃回雷科岸邊的船上，卻在途中被追擊陣亡，骨骸可能是他們的。但屍體為何只有挪威人？沒有英格蘭人？是否因為在地人可以運回家鄉埋葬，而挪威人來自北方只能就地掩埋。掩埋者是挪威人自己？還是英格蘭人？仍然需要更多的答案。

不選「非常不確定」的原因是，文中所提供的某些證據，仍可以回答某些問題。

歷史解釋區

第30頁

❷解答：繼任的都鐸王朝。

❸解答：事實a、d，意見b、c。

事實和意見的差異：事實是實際發生的事件本身。意見，則是加上情緒性字眼，有了立場。

第32頁

謀殺案確實發生過嗎？舉例來說，是否曾經找到王子們的**屍體**？	？→ A、G
李察是否有**機會**指使人殺掉王子們？	○→ B、C
是否有**犯罪證據** —— 像是凶器 —— **證明**李察是凶手？	×
有任何**證據**顯示，李察可能是凶手嗎？	○→ A、B、C、G
有任何**證據**表明，李察是無辜的嗎？	○→ D、E、F、H

第34頁

編按：《李察三世》是莎士比亞的經典戲劇作品之一，最讓人印象深刻的開場是，跛足的李察三世面對鏡頭講述自己是個邪惡的人，且有陰謀篡位。莎翁戲劇不斷被改編成各種舞台劇和電影，入人之深。

第35頁

❶ 為娛樂：A、B、C

　吸引觀光客：A、B、C

　讓更多顧客買單：B

　提供準確的資訊：D

　盡可能使歷史更有趣：A、B、C、D

　讓你笑：B

❷ 有。

　圖A：展現維多利亞女王的不苟言笑，影響人們對此時代的偏頗看法。

　圖B：《傲慢與偏見》以男女主角的愛情故事，讓人對英國19世紀的生活感到興趣，想探訪發生地。

　圖C：告式的旅遊手冊，讓人對倫敦塔誤解，以為只是個恐怖的監獄，事實上曾是宮殿，也有過各種用途，如國軍保壘、天文台等。

　圖D：本書的英文版原貌。教科書提供對歷史的理解，豐富的資訊和研究都能引發對歷史的興趣。

「為什麼?」區

第37頁

想一想的解答

描述，因為提供更完整的資訊。

第38頁

想一想的解答

相似的地方：追求更好的生活，冒險、宗教、政治等因素。

不同的地方：現在到外國留學很常見，長住外國嘗試不一樣的生活也是另一種冒險。但現在已經很少流放罪犯的刑罰，蓄養奴隸已成非法行為，儘管仍有人冒著被捕的風險販賣人口。

歷史意義區

第40頁

編按：英國的全名是「大不列顛暨北愛爾蘭聯合王國」（United Kingdom of Great Britain and Northern Ireland），一般又稱「聯合王國」（United Kingdom，簡稱 UK）或不列顛（Britain）。都鐸時代之後從英格蘭王國漸漸擴張成殖民地遍布全球的大英帝國（British Empire），二十世紀之後海外殖民地紛紛獨立建國，其中大多國家仍是大英國協（Commonwealth of Nations）的成員，而英王仍兼任大英國協的象徵性元首。

想一想的解答

1. 一時有名，很快被遺忘；歷史留名，則因為影響深遠，不斷被記憶和提起。
2. 網拍紅人，可能販售某產品而爆紅，但很快被遺忘。安迪・沃荷（Andy Warhol）說，現代每個人都可能成名十五分鐘。

第42頁

譯註：駁船（barge）：船型小、載重噸位小、平底，主要用於內河淺狹航道的貨物運輸。

❶ 7.士兵們浴血奮戰　8.直排新戰術　9.英雄殞落　10.緬懷英雄　11.不列顛走向富強

神入區

第44頁

❶ 自由作答，不提供參考答案。

❷ **資料補充**

　　資料A：「帝國疾風號」一直是英國移民釀成族群衝突的象徵，至今仍風波不斷。可參考BBC中文網2018年5月7號的一篇文章，〈一再掀動英國社會驚濤駭浪的一帝國疾風號〉（網址：https://www.bbc.com/zhongwen/trad/world-43967563），見發展脈絡。

　　資料F：1958年種族騷亂（又稱「白色暴動」「諾丁丘暴動」）。

　　資料H：演唱卡利普索風歌曲的歌手，以「基奇納爵士」著稱。卡利普索，加勒比海黑人音樂的一種風格，其他具有代表性的歌手有Day-O。《小美人魚》的〈在海底〉（Under the Sea）也是此種音樂風格。

第48頁

❶ 訪談的文字紀錄、照片。

❷ 威廉・格雷史東：容易，做為首相他可以經常發表談話，並被記錄，且他生活於媒體比較發達的十九世紀。

　　羅伯・布林克：困難，工人在當時較少機會受訪，或不易自己寫下感覺。

　　挪威國王：容易，政治上的紀錄較多。

　　湯姆士・伍德寇克：困難，身為啤酒製造商，資料比較缺乏。

　　女王伊莉莎白一世：十六世紀的伊莉莎白女王，比十九世紀維多利亞時代困難，但比同時代的商人容易，因為身為公眾人物，必然有不少紀錄，但當時媒體比較不發達。

❸ 時間已久的記憶，容易遺忘細節，或與現實狀況混淆。

A.1958年的照片可以真實呈現移民的情緒，值得信賴。但是從表情推測，也有可能過度猜測。

B.1971年當選議員受訪，回憶1950年的事情，有可能記憶失真；也有可能因議員身分

或考慮選民感受，不能說得明白。

C. 1949年的種族歧視確實存在過，語句、語氣是否如實不能確定，但感受是真。

D. 兩個受訪者的記憶不同，顯示遭遇不同，正好呈現兩種不同待遇。

E. 牙買加人的熱情可能超越當時的英國人，也可能是膚色問題，所謂「每個人」的說法是個人加強語氣的結果。

F. 埃文‧維克斯為切爾西的地方議員，他描述兩種狀況，聽說別人受害，也親身經歷歧視，但也得到過溫暖。可信度頗高。

G. 老師對自己的受辱經驗記憶深刻，也不肯原諒，親身經歷的仇恨記憶難忘。

H. 做為受歡迎的歌手，生活無虞，或許也不想得罪歌迷。

I. 護士的懷鄉情懷可以理解。尤其從熱帶的牙買加，到多霧濕冷的倫敦，一定有很多人極不適應。

第49頁

❹⊕西元前500年：希臘擲鐵餅者（第16頁）

⊕西元前50年：羅馬士兵（第16頁）

⊕西元600年：盎格魯–撒克遜頭盔（第19頁）

⊕西元1066年：（左）英王哈洛德、（右）挪威王哈拉爾（第27頁）

⊕西元1483年：（下）李察三世（第30頁）、（上）亨利七世（第34頁）

⊕西元1762年：（左）犯罪婦女（第36頁）、（右）黑奴（第37頁）

⊕西元1800年：（上）拿破崙（第41頁）（下）納爾遜（第43頁）

⊕西元1948年：牙買加歌手（第47頁）

進步區

第50頁

❶A.證據區、B.神入區、C.歷史意義區、D.「為什麼？」區、E.歷史解釋區。

❷1.「為什麼？」區、2.證據區、3.神入區、4.歷史解釋區、5.歷史意義區。

第52頁

🔵 解答

時間

1. 這是哪個時間發生的？⊕1649年。

2. 被稱為什麼時期或事件？⊕清教徒革命（英國內戰）。

證據

1. 確實是英王查理一世被砍頭嗎？

   ⊕眾人目睹、各種文件記載。

2. 行刑的場景和群眾，確實如圖畫顯示？

   ⊕必須尋找其他描述性或圖畫資料對照。例如有記載說，劊子手當時帶著面具。

歷史解釋

1. 國會處死查理一世，人民是否都支持？

   ⊕圖片中，有人高興吶喊，有人驚嚇昏倒，顯示有支持和反對者。

2. 國王臨終前是否說過什麼？支持和反對者，各提供了什麼資料？

   ⊕保王派說：他渴望自由，渴望獲得和其他人一樣的自由，「但是我不得不告訴你，他們的自由是在政府管轄下的……他們不可能和政府共享任何東西，沒有任何東西屬於他們。平民和國王絕對是兩碼事。」

   ⊕另一種說法，他說：我應該做一介明君，這樣天下就不會亂了。

   ⊕因為群眾離得遠，聲浪又嘈雜，只有台上的人會聽到。

3. 來現場參觀的民眾，各會有哪類人？什麼樣的人不會前來？

   ⊕貴族、平民，支持殺國王者多；同情國王者可能不忍心！但要找到資料才能確認。

為什麼？（因果關係）

1. 查理一世身為國王，為什麼會被國會處決？

   ⊕查理一世和國會的衝突，有關於收稅權屬誰、新舊教權力掌握的衝突等。

2. 國會和國王各持己見，各自有哪些人支持？何者支持者多？

　⊕支持國會代表改革派，支持者多為新教徒或平民、主張王權應受約束的人，稱為「圓顱黨」。

　⊕支持國王者，是保王黨，又稱騎士黨，強調傳統天主教信仰和王權的完整。

歷史意義

1. 這起砍掉國王頭顱的事件，在當時造成怎樣的震撼？

　⊕國王竟然可以被判死刑，且公開執行，使得王權受損，王室的尊嚴也受損。

2. 此事如何影響後來英國歷史發展走向？

　⊕清教徒革命成功後，雖然王室短暫復辟，但最後光榮革命成功地讓英國國會擁有制衡國王的權力，有助於日後君主立憲制的演變。

神入

1. 查理一世被判刑後，心中怎麼面對這樣的處境？

　⊕據保王派流傳，查理一世勇敢面對行刑，且認為只有自己才是該享有自由的人。

2. 國王被處決，當時人民心中是怎麼想的？

　⊕震驚──王可以被處死。

　⊕歡欣──有代表民意的國會可以掌權。

　⊕擔心──沒有國王的日子，會怎麼過？

第54頁

❶ 9.能夠神入當時人心中的想法，並能夠同情地理解他們的處境和我們不同。

❷ 跑道上的參考排序：5、7、6、2、8、3、4、1

第56頁

1066年 為何諾曼人贏得黑斯廷戰役？

⊕北方挪威人也同時入侵。

1095-1291年　十字軍東征

⊕ 為宗教、政治、經濟、社會問題而戰。

1170年　亨利二世和謀殺坎特伯里大主教托馬士‧貝克特的凶手

⊕ 貝克特想收回英國教會司法權，請求教宗干預。

1215年　每個人都同意約翰王是個可怕的國王嗎？

⊕ 在俠盜羅賓漢的傳說中，他是個暴君。但諸侯的叛亂，是王權集中的過程。《大憲章》回應了諸侯的要求，免除非法監禁，正義新稅，國會可監督國王。

1215年　住在中世紀的城堡裡，是什麼樣子？

⊕ 貴族的武裝建築，護城河有保護功能，但也讓出入不便。由周遭的莊園農民供應糧食。有很多僕人伺候，吵雜喧鬧，工坊操作聲不斷，高樓窗小潮濕黑暗，迷宮般的房間，百味雜陳。

1337-1453年　百年戰爭

⊕ 英國與法國許多國王都經歷長達百年的戰爭，1066年征服者諾曼第‧威廉，是英王，同時也是法王的貴族，為爭奪土地而戰，也為王位繼承權而作戰，但不是一直作戰百年，打打停停，和騎士們的封建義務時間有關。

1348年　黑死病真的很重要嗎？

⊕ 死掉三到六成以上的的歐洲人口；教士施行臨終禮，讓死亡率和傳染率更高，人們對教會信心崩潰；鞭笞隊，也是病菌傳播者；同時獵巫興起。

1415年　亨利五世和阿金庫爾戰役

⊕ 百年戰爭中，英王亨利五世在法國北部取得勝利，英國步兵弓箭手以少勝多，英國長弓手是法國重裝騎士的剋星。

我們如何知道中世紀的生活樣貌？

⊕ 當時圖片，時人記述

1455-1487年　玫瑰戰爭

⊕ 英國內戰，紅玫瑰的蘭開斯特家族與白玫瑰的約克家族為王位繼承而戰，最後由具有雙方家族血統的都鐸家族稱王，結束戰爭。

第57頁

1450年代　為什麼印刷術是重要的發明？

⊕ 手抄本的知識傳播速度慢，印刷術改變了閱讀人口，知識得以迅速傳播；第一本日耳曼文《聖經》，也傳播宗教改革的種子。

1536年　亨利八世為什麼關閉所有的修道院？

⊕ 讓英王掌握教會財產和權力。

1558年　我們如何知道伊莉莎白一世？

⊕ 從以下資料認識：英國國史的記載、大臣的筆記、圖像、民間傳說、政治指令。

1588年　西班牙無敵艦隊

⊕ 英國打敗當時最強大的西班牙艦隊，免去亡國危機，奠定強權地位和信心。

1605年　火藥陰謀

⊕ 英格蘭天主教徒，企圖炸掉詹姆士一世和新教徒的陰謀。

1642-1649年　參與英格蘭內戰是什麼感覺？

⊕ 自相殘殺，可能兄弟因為信仰不同宗教，支持不同領袖而對戰，痛苦矛盾。英格蘭內戰的起因是英王查理一世為了徵稅問題，與清教徒佔多數的國會爆發戰爭，史稱清教徒革命。後來國會處死查理一世，且由清教徒領袖克倫威爾掌政，成立共和國。

1653年　奧利佛‧克倫威爾為什麼拒絕當王的機會？

⊕ 瓦解共和，當護國主，可不受國會約束。

1666年　倫敦大火

⊕ 燒了3天。重建後的倫敦市以石頭房子代替了原有木屋，個人衛生也得到改善，使得瘟疫不再爆發。

1790年代　法國大革命

⊕ 推翻路易十六和貴族，建立共和的一連串激烈行動。

1815年　滑鐵盧戰役

⊕ 拿破崙敗給以英國為首的歐洲聯軍的最後一場戰役。

1800年代　大英帝國改善印度人民的生活了嗎？

⊕ 1805年擔任印度總督的查爾斯‧康沃利斯（Charles Cornwallis），承認蒙兀兒帝國時代的土地包稅人（Zamindar）擁有永久產權，保障了英國的稅收；但忽略了底層農

民的權益，直到1859年才立法保障這些人的土地權利。大英帝國提供各種進步的建設，但也掠奪當地資源。

1829年　史帝芬生的蒸汽火車「火箭號」，史上第一條鐵路。

⊕ 速度快，使人們可以到遠地旅行；大量載運，車票便宜，下層民眾也有機會遠行。

1851年　萬國工業博覽會

⊕ 又稱「水晶宮博覽會」，展示維多利亞女王時代英國最成功的工業革命機器，開啟日後世界博覽會的先聲。

1750-1900年　什麼樣的資料可以告訴我們工業革命的生活？

⊕ 工廠紀錄、畫家圖片、小說家如狄更斯的描繪、印象派畫家對城市和蒸氣的彩繪、寫實主義畫家對下層民眾的關懷。

1913年　婦女參政運動者（Suffragettes）是女英雄嗎？

⊕ 爭取婦女投票權的女子，犧牲自己的幸福和生命，是女英雄；但用激烈抗爭手段抗爭，也引發爭議。如埃米莉・戴維森（Emily Davison）死於英王喬治五世的賽馬下。

⊕ 相關影視作品有：《女權天使》（2004）和《女權之聲》（2015）。

1914年　薩拉耶佛事件

⊕ 奧地利皇儲斐迪南大公被塞爾維亞激進份子暗殺，牽動歐洲兩個軍事同盟，掀起第一次世界大戰。

1914-1918年　士兵在壕溝裡作戰是什麼感受？

⊕ 壕溝是持久戰，敵我雙方僵持在壕溝內，冰凍或酷熱，讓人生病，也成了傳染病的溫床，1918年流感，在壕溝內傳播，死傷慘重。

1939年　第二次世界大戰為何開打？

⊕ 希特勒蠶食奧地利、捷克、波蘭等國，英法等國感到受威脅而宣戰。

1940年　英倫空戰

⊕ 1940-1941年納粹德國對英國的持續空中轟炸，當時人民死傷慘重，生活緊張，隨時躲警報，物資缺乏。英國皇家空軍也犧牲生命，終於保住制空權。

1939-1945年　為何納粹大屠殺如此重要？

⊕ 二次大戰期間，希特勒因種族主義，有計畫地屠殺六百萬猶太人，讓人類深切反省，以色列國家因而誕生。

1945年　史上首見核子武器

⊕ 用於日本的兩顆原子彈，證明科技的進步，但也摧毀生命，讓人類警覺核子武器帶
　來的永恆傷害。

國家圖書館出版品預行編目資料

可讀、可想、可互動的歷史啟蒙書／伊恩・道森（Ian Dawson）著；
單兆榮 譯. -- 初版. -- 臺北市：究竟出版社股份有限公司，2023.09
　80 面；21.3×27.5 公分 --（歷史；80）

　ISBN 978-986-137-397-3（平裝）

1. CST：史學

601　　　　　　　　　　　　　　　　　　　111021321

Eurasian Publishing Group
圓神出版事業機構
用心閱世創願・擁好的閱讀

究竟出版社
Athena Press

www.booklife.com.tw　　　　　　　　reader@mail.eurasian.com.tw

歷史 080

可讀、可想、可互動的歷史啟蒙書

作　　　者／伊恩・道森（Ian Dawson）
譯　　　者／單兆榮
發 行 人／簡志忠
出 版 者／究竟出版社股份有限公司
地　　　址／臺北市南京東路四段 50 號 6 樓之 1
電　　　話／（02）2579-6600・2579-8800・2570-3939
傳　　　真／（02）2579-0338・2577-3220・2570-3636
副 社 長／陳秋月
副總編輯／賴良珠
責任編輯／徐彩嫦
校　　　對／林雅萩・徐彩嫦
美術編輯／林雅錚
行銷企畫／陳禹伶・鄭曉薇
印務統籌／劉鳳剛・高榮祥
監　　　印／高榮祥
排　　　版／杜易蓉
經 銷 商／叩應股份有限公司
郵撥帳號／18707239
法律顧問／圓神出版事業機構法律顧問　蕭雄淋律師
印　　　刷／國碩印前科技股份有限公司
2023 年 9 月　初版

What is History? Year 7 Pupil's Book
by Ian Dawson
Complex Chinese edition copyright © 2023 by Athena Press, an imprint of
Eurasian Publishing Group
Published by arrangement with HODDER & STOUGHTON LIMITED through Big
Apple Agency, Inc. Labuan
All rights reserved

定價 340 元　　　ISBN 978-986-137-397-3　　版權所有・翻印必究
◎本書如有缺頁、破損、裝訂錯誤，請寄回本公司調換　　Printed in Taiwan

NOTES

WHAT IS
HISTORY ?

WHAT IS
HISTORY ?

WHAT IS
HISTORY ?